gallina

kura

gallo

kogut

pollito

kurczątko

patito

kaczątko

pavo

indyk

burro

osioł

cisne

łabędź

rana

żaba

mapache

szop pracz

oso

niedźwiedź

ardilla

wiewiórka

mosca

mucha

mariquita

biedronka

gusano

robak

caracol

ślimak

babosa

ślimak

abeja

pszczoła

araña

pająk

escarabajo

chrząszcz

libélula

ważka

león

lew

cebra

zebra

jirafa

żyrafa

rinoceronte

nosorożec

serpiente

wąż

mosquito

komar

tortuga marina

żółw morski

hipopótamo

hipopotam

caimán

aligator

cocodrilo

krokodyl

tiburón

rekin

morsa

mors

pingüino

pingwin

oso polar

niedźwiedź polarny

foca

foka

estrella de mar

rozgwiazda

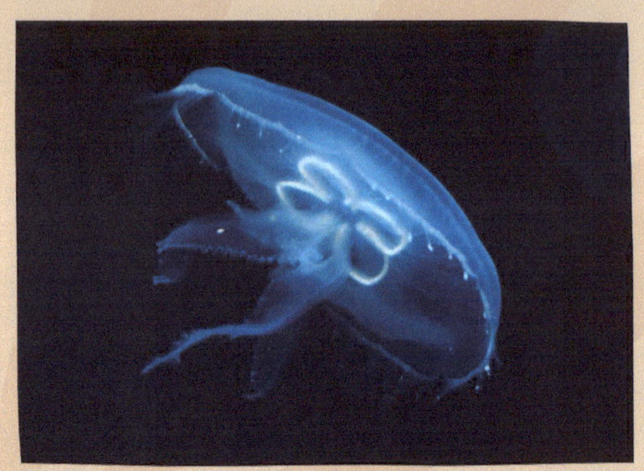

medusa

meduza

conchas marinas

muszle

pluma

pióro

11

once

jedenaście

12

doce

dwanaście

13

trece

trzynaście

14

catorce

czternaście

15

quince

piętnaście

16

dieciséis

szesnaście

17

diecisiete

siedemnaście

18

dieciocho

osiemnaście

19

diecinueve

dziewiętnaście

20

veinte

dwadzieścia

corazón

serce

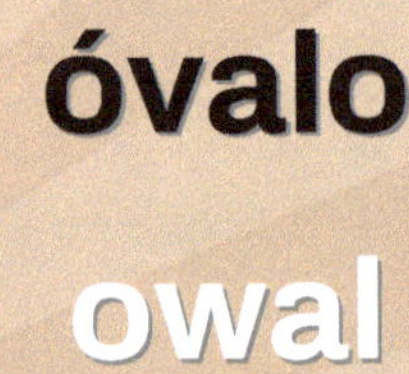

óvalo

owal

flecha

strzałka

creciente

półksiężyc

curva

krzywa

espiral

spirala

cruz

krzyżyk

zigzag

zygzak

arcoíris

tęcza

colores oscuros

ciemne kolory

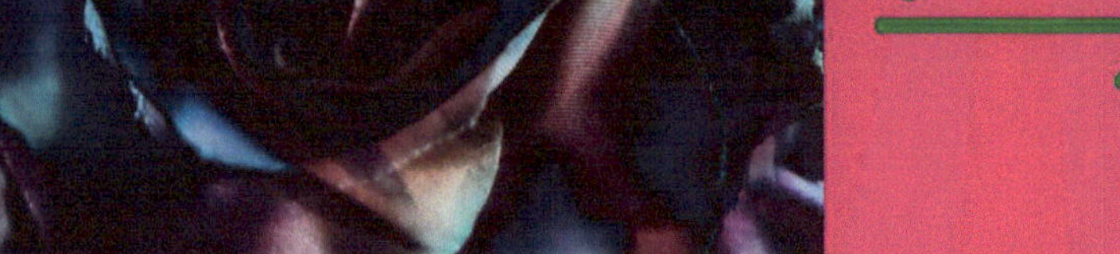

colores claros

jasne kolory

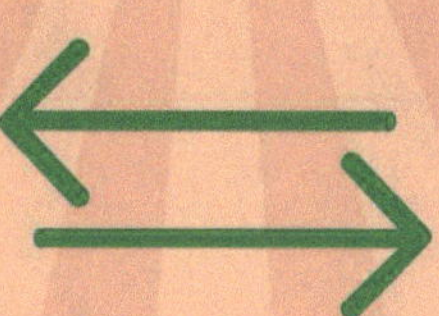

puntos

kropki

línea

linia

bajo

niski

alto

wysoki

 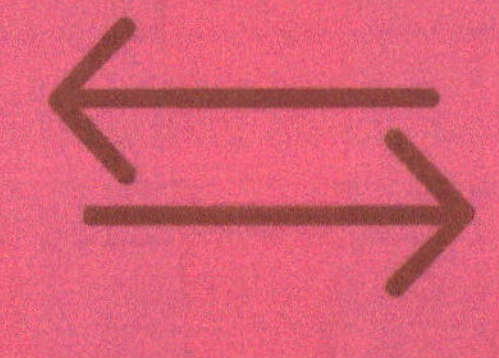 

un poco

trochę

mucho

dużo

  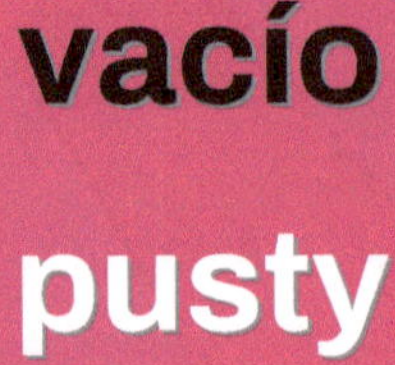

lleno

pełny

vacío

pusty

cabello rizado

kręcone włosy

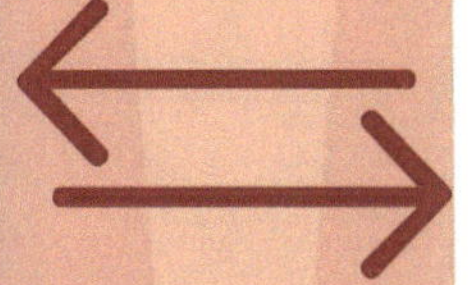

cabello liso

proste włosy

aceptar

zaakceptować

rechazar

odmówić

idéntico

identyczny

diferente

różny

seco

suchy

mojado

mokry

juguetes

zabawki

bloques

klocki

pelota

piłka

robots

roboty

lengua

język

nariz

nos

cabello

włosy

bigote

wąsy

dedos

palce

brazo

ramię

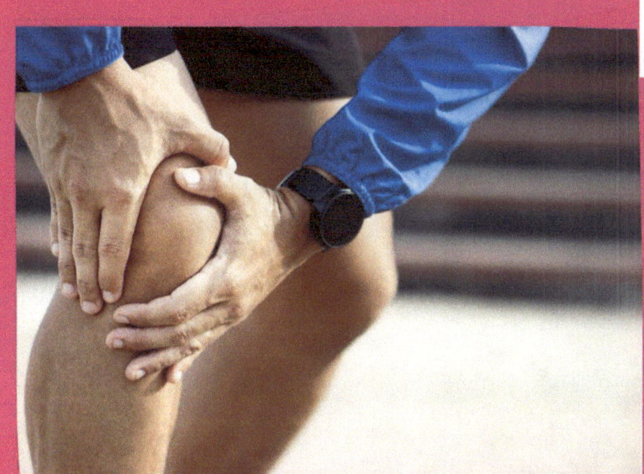

rodilla

kolano

codo

łokieć

sonreír

uśmiechać się

beso

pocałunek

llorar

płacz

dolor

ból

cuerpo

ciało

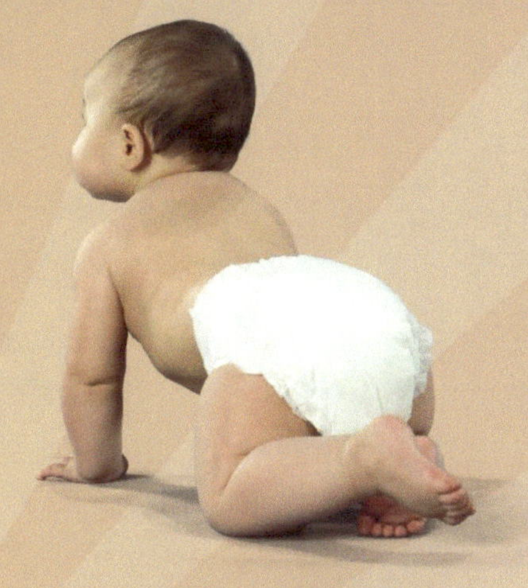

espalda

plecy

chupete

smoczek

trona

wysokie krzesełko

jabón

mydło

cepillo de dientes

szczoteczka do zębów

toalla

ręcznik

orinal

nocnik

anillo

pierścień

pulsera

bransoletka

collar

naszyjnik

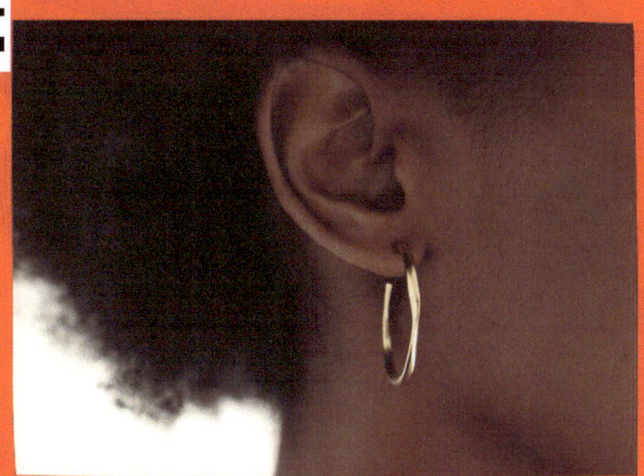

pendiente

kolczyk

chocolate

czekolada

palomitas

popcorn

mermelada

dżem

tostada

tost

miel

miód

mantequilla

masło

pan

chleb

helado

lody

sémola

kasza manna

arroz

ryż

pasta

makaron

sopa

zupa

leche

mleko

agua

woda

zumo

sok

kiwi

kiwi

frambuesa

malina

pomelo

grejpfrut

melón

melon

ciruela

śliwka

albaricoque

morela

granada

granat

higo

figa

arándano

borówka

arándano

żurawina

caqui

persymona

lichi

liczi

frutas

owoce

verduras

warzywa

aguacate

awokado

judía verde

fasolka szparagowa

brócoli

brokuł

berenjena

bakłażan

guisantes

groszek

pimiento

papryka

remolacha

burak

lechuga

sałata

endivia

cykoria

alcachofa

karczoch

puerro

por

cebolla

cebula

ajo

czosnek

jengibre

imbir

nueces

orzechy włoskie

almendra

migdał

pistacho

pistacja

anacardo

nerkowiec